卞尺丹几乙し丹卞と

Translated Language Learning

Il Principe Giacinto e la Cara Piccola Principessa

Prince Hyacinth and the Dear Little Princess
Jeanne-Marie Leprince de Beaumont

Italiano / English

Copyright © 2022 Tranzlaty
All rights reserved
Published by Tranzlaty
Il Principe Giacinto e la Cara Piccola Principessa
Prince Hyacinth and the Dear Little Princess
ISBN: 978-1-83566-122-2
Original text by Jeanne-Marie Leprince de Beaumont
Le Prince Désir
First published in French in 1756
Taken from The Blue Fairy Book (Andrew Lang)
www.tranzlaty.com

Il Principe Giacinto e la Cara Piccola Principessa
Prince Hyacinth and the Dear Little Princess

***

C'era una volta un re
Once upon a time there lived a king
Questo re era profondamente innamorato di una principessa
this king was deeply in love with a princess
ma non poteva sposare nessuno
but she could not marry anyone
perché era stata incantata
because she had been enchanted
Così il re si mise alla ricerca di una fata
So the King set out to seek a fairy
chiese come avrebbe potuto conquistare l'amore della principessa
he asked how he could win the Princess's love
La fata gli disse: "Sai che la principessa ha un grande gatto".
The Fairy said to him, "You know that the Princess has a great cat"
"Lei è molto affezionata a questo gatto"
"she is very fond of this cat"
"E c'è un uomo che è destinata a sposare"
"and there is a man she is destined to marry"
"Chi è abbastanza intelligente da calpestare la coda del suo gatto"
"Whoever is clever enough to tread on her cat's tail"
"Questo è l'uomo che sposerà"
"that is the man she will marry"

ringraziò la fata e se ne andò
he thanked the fairy and left

"Questo non dovrebbe essere così difficile" pensò il re tra sé e sé.
"this should not be so difficult" the king thought to himself

Avrebbe fatto di più che calpestare la coda del gatto
he would do more than step on the cat's tail

Era determinato a macinare la coda del gatto in polvere
he was determined to grind the cat's tail into powder

presto andò a trovare la principessa
soon he went to see the Princess

Certo che voleva davvero vedere il gatto
of course really he wanted to see the cat

Come al solito, il gatto camminava davanti a lui
as usual, the cat walked around in front of him

inarcò la schiena e miagolò
he arched his back and miowed

Il re fece un lungo passo verso il gatto
The King took a long step towards the cat

e pensava di avere la coda sotto il piede
and he thought he had the tail under his foot

ma il gatto fece una mossa improvvisa
but the cat made a sudden move
e il re calpestò nient'altro che aria
and the king trod on nothing but air
Così è andato avanti per otto giorni
so it went on for eight days
il re cominciò a pensare che il gatto conoscesse il suo piano
the King began to think the cat knew his plan
La sua coda non rimase mai ferma per un attimo
his tail was never still for a moment

Alla fine, però, il re fu fortunato
At last, however, the king was in luck
Aveva trovato il gatto addormentato
he had found the cat fast asleep
e la sua coda era convenientemente distesa
and his tail was conveniently spread out
Il re non perse tempo prima di agire
the king did not lose any time before he acted
e mise il piede proprio sulla coda del gatto
and he put his foot right on the cat's tail
Con un urlo terrificante il gatto balzò su
With one terrific yell the cat sprang up
Il gatto si trasformò istantaneamente in un uomo alto
the cat instantly changed into a tall man
fissò i suoi occhi arrabbiati sul re
he fixed his angry eyes upon the King
"Sposerai la principessa"
"You shall marry the Princess"
"Perché sei stato in grado di rompere l'incanto"
"because you have been able to break the enchantment"
"ma avrò la mia vendetta"

"but I will have my revenge"
"Avrai un figlio"
"You shall have a son"
"Ma non avrai un figlio felice"
"but you will not have a happy son"
"L'unico modo in cui può essere felice è se scopre che il suo naso è troppo lungo"
"the only way he can be happy is if finds out that his nose is too long"
"Ma non puoi dirlo a nessuno"
"but you can't tell anyone about this"
"Se lo dici a qualcuno, svanirai all'istante"
"if you tell anyone, you shall vanish away instantly"
"E nessuno ti vedrà mai più o sentirà parlare di te"
"and no one shall ever see you or hear of you again"
il re aveva paura dell'incantatore
the King was afraid of the enchanter
Ma non poteva fare a meno di ridere di questa minaccia
but he could not help laughing at this threat
"Se mio figlio ha un naso così lungo, è destinato a vederlo"
"If my son has such a long nose, he is bound to see it"
"A meno che non sia cieco" disse a se stesso.
"unless he is blind" he said to himself
Ma l'incantatore era già scomparso
But the enchanter had already vanished
Così non perse altro tempo a pensare
so he did not waste any more time in thinking
invece andò a cercare la principessa
instead he went to seek the Princess
e ben presto acconsentì a sposarlo
and very soon she consented to marry him

Il re non aveva molto dal suo matrimonio, tuttavia
the king did not have much from his marriage, however
non erano sposati da molto tempo quando il re morì
they had not been married long when the King died
e la regina non aveva più nulla di cui prendersi cura se non il suo piccolo figlio.
and the Queen had nothing left to care for but her little son
lo aveva chiamato Giacinto
she had called him Hyacinth
Il piccolo principe aveva grandi occhi azzurri
The little Prince had large blue eyes
Erano gli occhi più belli del mondo
they were the prettiest eyes in the world
e aveva una dolce piccola bocca
and he had a sweet little mouth
Ma, ahimè! il suo naso era enorme
but, alas! his nose was enormous
Gli copriva metà del viso
it covered half his face
La regina era inconsolabile quando vide il suo grande naso
The Queen was inconsolable when she saw his great nose
Le sue dame cercarono di confortare la regina
her ladies tried to comfort the queen
"Non è davvero grande come sembra"
"it is not really as large as it looks"
"è un mirabile naso romano"
"it is an admirable Roman nose"
"Tutti i grandi eroi avevano grandi nasi"
"all the great heroes had large noses"
La regina era devota al suo bambino
The Queen was devoted to her baby

ed era contenta di quello che le dicevano
and she was pleased with what they told her
guardò di nuovo Giacinto
she looked at Hyacinth again
e il suo naso non sembrava più così grande
and his nose didn't seem so large anymore
Il principe è stato allevato con grande cura
The Prince was brought up with great care
Hanno aspettato che fosse in grado di parlare
they waited for him to be able to speak
E poi hanno iniziato a raccontargli ogni sorta di storie:
and then they started to tell him all sorts of stories:
"Non fidarti delle persone con il naso corto"
"don't trust people with short noses"
"I grandi nasi sono un segno di intelligenza"
"big noses are a sign of intelligence"
"Le persone dal naso corto non hanno un'anima"
"short nosed people don't have a soul"
Dicevano qualsiasi cosa potessero pensare per lodare il suo grande naso
they said anything they could think of to praise his big nose
Solo quelli con nasi simili erano autorizzati ad avvicinarsi a lui
only those with similar noses were allowed to come near him
I cortigiani hanno persino tirato il naso ai loro bambini
the courtiers even pulled their own babies' noses
pensavano che questo li avrebbe favoriti presso la regina
they thought this would get them into favour with the Queen
Ma tirare il naso non ha aiutato molto

But pulling their noses didn't help much
I loro nasi non sarebbero cresciuti come quelli del principe
their noses wouldn't grow as big as the prince's
Quando divenne sensibile, imparò la storia
When he grew sensible he learned history
Si parlava di grandi principi e belle principesse
great princes and beautiful princesses were spoken of
e i suoi insegnanti si preoccupavano sempre di dirgli che avevano il naso lungo
and his teachers always took care to tell him that they had long noses
La sua stanza era tappezzata di foto di persone con nasi molto grandi
His room was hung with pictures of people with very large noses
e il principe crebbe convinto che un naso lungo fosse una cosa bella
and the Prince grew up convinced that a long nose was a thing of beauty
non avrebbe voluto avere un naso più corto
he would not have liked to have had a shorter nose

Presto il principe avrebbe compiuto vent'anni
soon the prince would be twenty
così la regina pensò che fosse giunto il momento di sposarsi
so the Queen thought it was time that he got married
Gli portò diversi ritratti delle principesse da fargli vedere.
she brought several portraits of the princesses for him to see
e tra i ritratti c'era una foto della cara piccola

principessa!
and among the portraits was a picture of the dear little Princess!
Va detto che era la figlia di un grande re
it should be mentioned that she was the daughter of a great king
Un giorno avrebbe posseduto diversi regni lei stessa
some day she would possess several kingdoms herself
ma il principe Giacinto non pensava molto a questo
but Prince Hyacinth didn't think so much about this
Lo colpì soprattutto per la sua bellezza
he was most of all struck with her beauty
Tuttavia, aveva un piccolo naso a bottone
however, she had a little button nose
ma era il naso più bello possibile
but it was was the prettiest nose possible
I cortigiani avevano preso l'abitudine di ridere dei piccoli nasi
the courtiers had gotten into a habit of laughing at little noses
Era molto imbarazzante quando ridevano del naso della principessa
it was very embarrassing when they laughed at the princess' nose
Il principe non lo apprezzò affatto
the prince did not appreciate this at all
non riusciva a vedere l'umorismo in esso
he failed to see the humour in it
Infatti, ha bandito due dei suoi cortigiani.
in fact, he banished two of his courtiers
perché hanno menzionato il nasino della principessa
because they mentioned the princess' little nose
Gli altri hanno preso questo come un avvertimento

The others took this as a warning
Hanno imparato a pensarci due volte prima di parlare
they learned to think twice before they spoke
e uno è arrivato persino a ridefinire la bellezza
and they one even went so far as to redefine beauty
"Un uomo non è nulla senza un grande naso grasso"
"a man is nothing without a big fat nose"
"Ma la bellezza di una donna è molto diversa"
"but a woman's beauty is very different"

conosceva un uomo istruito che capiva il greco
he knew a learned man who understood Greek
a quanto pare la bella Cleopatra stessa aveva un piccolo naso!
apparently the beautiful Cleopatra herself had a little nose!
Il principe gli fece un bel regalo come ricompensa per la buona notizia
The Prince gave him a nice present as a reward for the good news
Inviò ambasciatori al suo castello
he sent ambassadors to her castle
chiesero alla cara piccola principessa di sposare il principe
they asked the dear little Princess to marry the prince
Il re, suo padre, diede il suo consenso
The King, her father, gave his consent
Il principe Giacinto le andò subito incontro
Prince Hyacinth immediately went to meet her
Si avvicinò per baciarle la mano
he advanced to kiss her hand
ma all'improvviso ci fu un'esplosione di fumo
but suddenly there was a burst of smoke

Tutti quelli che erano lì rimasero senza fiato per lo stupore.
all that were there gasped in astonishment
L'incantatore era apparso all'improvviso come un lampo
the enchanter had appeared as suddenly as a flash of lightning
ha afferrato la cara piccola principessa
he snatched up the dear little Princess
e lui la fece roteare via dalla vista!
and he whirled her away out of sight!

Il principe rimase abbastanza inconsolabile
The Prince was left quite inconsolable

Nulla poteva indurlo a tornare nel suo regno
nothing could induce him to go back to his kingdom
Doveva ritrovarla
he had to find her again
ma rifiutò di permettere a nessuno dei suoi cortigiani di seguirlo.
but he refused to allow any of his courtiers to follow him
Montò a cavallo e cavalcò tristemente via
he mounted his horse and rode sadly away
e lasciò che l'animale scegliesse quale strada prendere
and he let the animal choose which path to take

cavalcò fino a una grande valle
he rode all the way to a great valley
l'ha attraversata tutto il giorno
he rode across it all day long
e tutto il giorno non ha visto una sola casa
and all day he didn't see a single house
Il cavallo e il cavaliere erano terribilmente affamati
the horse and rider were terribly hungry
mentre scendeva la notte, il principe vide una luce
as the night fell, the Prince caught sight of a light
sembrava brillare da una caverna
it seemed to shine from a cavern
Cavalcò fino alla luce
He rode up to the light
Lì vide una vecchietta
there he saw a little old woman
Sembrava avere almeno cento anni
she appeared to be at least a hundred years old
Indossò gli occhiali per guardare il principe Giacinto
She put on her spectacles to look at Prince Hyacinth
Ci volle molto tempo prima che potesse assicurarsi i

suoi occhiali.
it was quite a long time before she could secure her spectacles
perché il suo naso era molto corto!
because her nose was very short!
Così quando si videro scoppiarono a ridere.
so when they saw each other they burst into laughter
"Oh, che naso buffo!" esclamarono allo stesso tempo.
"Oh, what a funny nose!" they exclaimed at the same time
"Non è divertente come il tuo naso" disse il principe Giacinto alla fata
"it's not as funny as your nose" said Prince Hyacinth to the Fairy
(perché una fata è quello che era)
(because a fairy is what she was)
"Signora, la prego di lasciare la considerazione del nostro naso"
"madam, I beg you to leave the consideration of our noses"
"Anche se il tuo naso è molto divertente"
"even though your nose is very funny"
"Sii abbastanza buono da darmi qualcosa da mangiare"
"be good enough to give me something to eat"
"Ho pedalato tutto il giorno e sto morendo di fame"
"I had ridden all day and I am starving"
"E anche il mio povero cavallo sta morendo di fame"
"and my poor horse is starving too"
La fata rispose al principe
the fairy replied to the prince
"Il tuo naso è davvero molto ridicolo"
"your nose really is very ridiculous"
"Ma tu sei il figlio del mio migliore amico"
"but you are the son of my best friend"

"Ho amato tuo padre come se fosse stato mio fratello"
"I loved your father as if he had been my brother"
"Tuo padre aveva un naso molto bello!"
"your father had a very handsome nose!"
Il principe era sconcertato da ciò che la fata diceva
the prince was baffled at what the fairy said
"Cosa manca al mio naso?"
"what does my nose lack?"
"Oh! non manca nulla" rispose la Fata
"Oh! it doesn't lack anything" replied the Fairy
"Al contrario!"
"On the contrary!"
"C'è troppo del tuo naso!"
"there is too much of your nose!"
"Ma non importa per i nasi"
"But never mind about noses"
"Si può essere un uomo molto degno nonostante il naso sia troppo lungo"
"one can be a very worthy man despite your nose being too long"
"Ti dicevo che ero amico di tuo padre"
"I was telling you that I was your father's friend"
"Veniva spesso a trovarmi ai vecchi tempi"
"he often came to see me in the old times"
"e devi sapere che ero molto carina in quei giorni"
"and you must know that I was very pretty in those days"
"Almeno, era solito dirlo"
"at least, he used to say so"
"L'ultima volta che l'ho visto c'è stata una conversazione che abbiamo avuto"
"the last time I saw him there was a conversation we had"
"Vorrei raccontarti di questa conversazione"
"I would like to tell you of this conversation"

"Mi piacerebbe sentirlo" disse il principe
"I would love to hear it" said the Prince
"Ma mangiamo prima per favore"
"but let us please eat first"
"Non ho mangiato niente tutto il giorno"
"I have not eaten anything all day"
"Il povero ragazzo ha ragione" disse la Fata
"The poor boy is right" said the Fairy
"Entra e ti darò un po' di cena"
"Come in, and I will give you some supper"
"Mentre mangi posso raccontarti la mia storia"
"while you are eating I can tell you my story"
"È una storia di pochissime parole"
"it is a story of very few words"
"perché non mi piacciono le storie che vanno avanti per sempre"
"because I don't like stories that go on for ever"
"Una lingua troppo lunga è peggio di un naso troppo lungo"
"Too long a tongue is worse than too long a nose"
"quando ero giovane ero ammirato per non essere un grande chiacchierone"
"when I was young I was admired for not being a great chatterer"
"Dicevano alla Regina, a mia madre, che era così"
"They used to tell the Queen, my mother, that it was so"
"vedi quello che sono adesso"
"you see what I am now"
"ma io ero la figlia di un grande re"
"but I was the daughter of a great king"
Mio padre..."
My father..."
"Tuo padre aveva qualcosa da mangiare quando aveva

fame!" interruppe il principe
"Your father got something to eat when he was hungry!" interrupted the Prince
"Oh! certamente" rispose la Fata
"Oh! certainly" answered the Fairy
"E anche tu cenerai"
"and you also shall have supper too"
"Volevo solo dirti..." Ha continuato
"I just wanted to tell you..." she continued
"Ma davvero non posso ascoltare finché non ho avuto qualcosa da mangiare"
"But I really cannot listen until I have had something to eat"
il principe si stava arrabbiando parecchio
the Prince was getting quite angry
ma si ricordò che avrebbe fatto meglio a essere educato
but he remembered he had better be polite
aveva davvero bisogno dell'aiuto della Fata
he really needed the Fairy's help
"nel piacere di ascoltarti potrei dimenticare la mia fame"
"in the pleasure of listening to you I might forget my own hunger"
"Ma il mio cavallo non può capirti"
"but my horse cannot understand you"
"Deve avere del cibo!"
"he must have some food!"
La Fata fu molto lusingata da questo complimento
The Fairy was very much flattered by this compliment
e chiamò i suoi servi
and she called to her servants
"Non dovrai aspettare un altro minuto"
"You shall not wait another minute"
"Sei davvero molto educato"

"you really are very polite"
"E nonostante le enormi dimensioni del tuo naso sei davvero molto simpatico"
"and in spite of the enormous size of your nose you are really very nice"
"Maledizione la vecchia signora!" disse il principe a se stesso.
"curse the old lady!" said the Prince to himself
"Non smetterà di parlare del mio naso!"
"she won't stop going on about my nose!"
"È come se il mio naso avesse preso tutta la lunghezza che le manca al naso!"
"it's as if my nose had taken all the length her nose lacks!"
"Se non fossi così affamato lascerei questo chiacchierone"
"If I were not so hungry I would leave this chatterpie"
"Pensa persino di parlare molto poco!"
"she even thinks she talks very little!"
"Perché le persone stupide possono non vedere i propri difetti!"
"why can stupid people not to see their own faults!"
"Questo è ciò che accade quando sei una principessa"
"That is what happens when you are a princess"
"È stata viziata dagli adulatori"
"she has been spoiled by flatterers"
"Le hanno fatto credere di essere una parlatrice moderata!"
"they have made her believe that she is a moderate talker!"

Nel frattempo, i servi mettevano la cena in tavola
Meanwhile, the servants were putting the supper on the table

La fata fece loro mille domande
the fairy asked them a thousand questions
Il principe trovò questo molto divertente
the prince found this very amusing
perché in realtà voleva solo sentire se stessa parlare
because really she just wanted to hear herself speak
C'era una cameriera che il principe notò particolarmente
there was one maid the prince especially noticed
Ha sempre trovato un modo per lodare la saggezza della sua padrona
she always found a way to praise her mistress's wisdom
mentre mangiava la sua cena pensò: "Sono molto contento di essere venuto qui"
as he ate his supper he thought, "I'm very glad I came here"
"Questo mi mostra quanto sono stato sensibile"
"This shows me how sensible I have been"
"Non ho mai ascoltato gli adulatori"
"I have never listened to flatterers"
"Persone di questo tipo ci lodano in faccia senza vergogna"
"People of that sort praise us to our faces without shame"
"E nascondono i nostri difetti"
"and they hide our faults"
"o trasformano i nostri difetti in virtù"
"or they change our faults into virtues"
"Non crederò mai alle persone che mi lusingano"
"I will never believe people who flatter me"
"Conosco i miei difetti, spero"
"I know my own defects, I hope"
Il povero principe Giacinto credeva davvero a quello che diceva
Poor Prince Hyacinth really believed what he said

Non sapeva che la gente rideva di lui
he didn't know that the people laughed at him
Gli lodavano il naso quando erano con lui
they praised his nose when they were with him
Ma quando non c'era, gli deridevano il naso
but when he wasn't there, they mocked his nose
e la cameriera della Fata rideva di lei allo stesso modo
and the Fairy's maid were laughing at her the same way
il principe aveva visto una delle cameriere ridere sorniona
the Prince had seen one of the maids laugh slyly
pensava di poterlo fare senza che la Fata se ne accorgesse
she thought she could do so without the Fairy noticing her
Tuttavia, non ha detto nulla
However, he said nothing
e la sua fame cominciava a placarsi
and his hunger was beginning to be appeased
Presto la fata riprese a parlare
soon the fairy started speaking again
"Mio caro principe, ti prego di muoverti un po' di più in questo modo?"
"My dear Prince, would you please move a little more that way"
"Il tuo naso proietta un'ombra lunghissima"
"your nose casts a very long shadow"
"Non riesco davvero a vedere cosa ho nel piatto"
"I really cannot see what I have on my plate"

Il principe obbligò orgogliosamente la fata
the prince proudly obliged the fairy
"Ora parliamo di tuo padre"
"Now let us speak of your father"
"Quando sono andato alla sua corte era solo un giovane"
"When I went to his Court he was only a young man"
"ma questo è stato alcuni anni fa"
"but that was some years ago"
"Sono stato in questo luogo desolato da allora"
"I have been in this desolate place ever since"
"Dimmi cosa succede al giorno d'oggi"
"Tell me what goes on nowadays"
"Le signore amano il divertimento come sempre?"
"are the ladies as fond of amusement as ever?"

"Ai miei tempi li vedevo alle feste ogni giorno"
"In my time I saw them at parties every day"
"Bontà mia! Che naso lungo che hai!"
"Goodness me! what a long nose you have!"
"Non riesco ad abituarmi!"
"I cannot get used to it!"
"Per favore, signora" disse il principe
"Please, madam" said the Prince
"Vorrei che ti astenessi dal menzionare il mio naso"
"I wish you would refrain from mentioning my nose"
"Non può importare a te com'è"
"It cannot matter to you what it is like"
"Sono abbastanza soddisfatto"
"I am quite satisfied with it"
"e non ho alcun desiderio di avere un naso più corto"
"and I have no wish to have a shorter nose"
"Bisogna prendere ciò che ci viene dato"
"One must take what one is given"
"Ora sei adirato con me, mio povero Giacinto" disse la Fata.
"Now you are angry with me, my poor Hyacinth" said the Fairy
"Ti assicuro che non intendevo irritarti"
"I assure you that I didn't mean to vex you"
"È al contrario; Desideravo renderti un servizio"
"it is on the contrary; I wished to do you a service"
"Non posso fare a meno che il tuo naso sia uno shock per me"
"I cannot help your nose being a shock to me"
"quindi cercherò di non dire nulla al riguardo"
"so I will try not to say anything about it"
"Proverò anche a pensare che tu abbia un naso normale"
"I will even try to think that you have an ordinary nose"

"ma devo dirti la verità"
"but I must tell you the truth"
"Potresti fare tre nasi ragionevoli dal tuo naso"
"you could make three reasonable noses out of your nose"
Il principe non aveva più fame
The Prince was no longer hungry
era diventato impaziente per le continue osservazioni della Fata sul suo naso
he had grown impatient at the Fairy's continual remarks about his nose
Alla fine saltò di nuovo sul suo cavallo
finally he jumped back upon his horse
e cavalcò frettolosamente via
and he rode hastily away
Ma ovunque arrivasse nel suo viaggio pensava che la gente fosse pazza
But wherever he came in his journey he thought the people were mad
perché tutti parlavano del suo naso
because they all talked of his nose
Eppure non riusciva ad ammettere che era troppo lungo
and yet he could not bring himself to admit that it was too long
Era abituato ad essere sempre chiamato bello
he was used to always being called handsome

La vecchia fata desiderava rendere felice il principe
The old Fairy wished to make the prince happy
e alla fine ha deciso un piano adatto
and at last she decided on a suitable plan
Costruì un palazzo fatto di cristallo
she built a palace made of crystal
e rinchiuse la cara piccola principessa nel palazzo

and she shut the dear little Princess up in the palace
e mise questo palazzo dove il principe non avrebbe mancato di trovarlo
and she put this palace where the Prince would not fail to find it
La sua gioia nel rivedere la principessa era estrema
His joy at seeing the Princess again was extreme
e si mise al lavoro con tutte le sue forze per cercare di rompere la sua prigione
and he set to work with all his might to try to break her prison
ma nonostante tutti i suoi sforzi ha fallito
but in spite of all his efforts he failed
Si disperava per la sua situazione
he despaired at his situation
ma forse poteva almeno parlare con la cara piccola principessa
but perhaps he could at least speak to the dear little Princess
Nel frattempo la principessa stese la mano
meanwhile the princess stretched out her hand
Lei le tese la mano in modo che lui potesse baciarle la mano
she held her hand out so that he could kiss her hand
volse le labbra in ogni direzione
he turned his lips in every direction
Ma non riuscì mai a baciare la mano della principessa
but he never managed to kiss the princess' hand
perché il suo lungo naso glielo impediva sempre
because his long nose always prevented it
Per la prima volta si rese conto di quanto fosse lungo il suo naso
For the first time he realized how long his nose really was

"Beh, bisogna ammettere che il mio naso è troppo lungo!"
"well, it must be admitted that my nose is too long!"
In un attimo la prigione di cristallo volò in mille schegge
In an instant the crystal prison flew into a thousand splinters
e la vecchia Fata prese per mano la cara piccola principessa
and the old Fairy took the dear little Princess by the hand
"Puoi non essere d'accordo con me, se vuoi"
"you may disagree with me, if you like"
"Non mi ha fatto molto bene parlare del tuo naso!"
"it did not do much good for me to talk about your nose!"
"Avrei potuto parlare del tuo naso per giorni"
"I could have talked about your nose for days"
"Non avresti mai scoperto quanto fosse straordinario"
"you would never have found out how extraordinary it was"
"Ma poi ti ha impedito di fare quello che volevi"
"but then it hindered you from doing what you wanted to"
"Vedi come l'amor proprio ci impedisce di conoscere i nostri difetti"
"You see how self-love keeps us from knowing our own defects"
"I difetti della mente e del corpo"
"the defects of the mind, and body"
"Il nostro ragionamento cerca invano di mostrarci i nostri difetti"
"Our reasoning tries in vain to show us our defects"
"Ma ci rifiutiamo di vedere i nostri difetti"
"but we refuse to see our flaws"

"Li vediamo solo quando si mettono in mezzo"
"we only see them when they get in the way"
ora il naso del principe Giacinto era proprio come quello di tutti gli altri
now Prince Hyacinth's nose was just like everyone else's
Non mancò di trarre profitto dalla lezione che aveva ricevuto.
he did not fail to profit by the lesson he had received
Sposò la cara piccola principessa
He married the dear little princess
e vissero felici e contenti
and they lived happily ever after

La fine / The End

www.ingramcontent.com/pod-product-compliance
Lightning Source LLC
Chambersburg PA
CBHW030136100526
44591CB00009B/689